BEI GRIN MACHT SICH IHR WISSEN BEZAHLT

- Wir veröffentlichen Ihre Hausarbeit, Bachelor- und Masterarbeit

- Ihr eigenes eBook und Buch - weltweit in allen wichtigen Shops

- Verdienen Sie an jedem Verkauf

Jetzt bei www.GRIN.com hochladen und kostenlos publizieren

Hans-Jürgen Borchardt

Die (Vertrags-)Fallen der Berater und Zulieferer

Wie Streitigkeiten vor Gericht vermieden werden

GRIN Verlag

Bibliografische Information der Deutschen Nationalbibliothek:

Die Deutsche Bibliothek verzeichnet diese Publikation in der Deutschen National-
bibliografie; detaillierte bibliografische Daten sind im Internet über http://dnb.d-
nb.de/ abrufbar.

Impressum:

Copyright © 2010 GRIN Verlag GmbH
Druck und Bindung: Books on Demand GmbH, Norderstedt Germany
ISBN: 978-3-640-75622-3

Dieses Buch bei GRIN:

http://www.grin.com/de/e-book/162081/die-vertrags-fallen-der-berater-und-zulie-
ferer

GRIN - Your knowledge has value

Der GRIN Verlag publiziert seit 1998 wissenschaftliche Arbeiten von Studenten, Hochschullehrern und anderen Akademikern als eBook und gedrucktes Buch. Die Verlagswebsite www.grin.com ist die ideale Plattform zur Veröffentlichung von Hausarbeiten, Abschlussarbeiten, wissenschaftlichen Aufsätzen, Dissertationen und Fachbüchern.

Besuchen Sie uns im Internet:

http://www.grin.com/

http://www.facebook.com/grincom

http://www.twitter.com/grin_com

Die (Vertrags-)Fallen der Berater und Zulieferer
Es gibt nur wenige, die die Vertragsfallen in den Geschäftsbedingungen aus anderen Berufen kennen. Oft sind die Bedingungen so formuliert, dass man die Zielsetzung nicht erkennt. Weil es immer wieder "schwarze Schafe" gibt, die diese Situation ausnutzen, ist es wichtig, dass man die wichtigsten Fallen kennt, um Ärger und unnötige Kosten zu vermeiden. Manchmal sind es auch die berufsständischen Geschäftsbedingungen, die Bestandteil des Vertrages mit dem Auftragnehmer sind. Diese sind in der Regel so ausgelegt, dass man kaum eine Chance hat sich dagegen zu wehren, z. B.:

Designer und Agenturen mit Designleistungen
Viele Designer versuchen gern die Preisverhandlung mit dem Hinweis abzublocken: " Sie können ganz beruhigt sein, ich werde meine Leistungen nach der Honorarempfehlung des BDG abrechnen. Das garantiert Ihnen einen fairen Preis." Wenn Sie dem zu stimmen, kann es für Sie eine böse Überraschung geben, denn es gibt keine feste Preisliste für die verschiedensten grafischen Arbeiten, sondern eine Rechnung nach dem Ermessen des Designers. Das ist möglich, weil ihm lt. Honorarempfehlung des BDG (Berufsverband der Deutschen Kommunikationsdesigner e.V.) verschiedene Einstufungen für seine Arbeit zur Verfügung stehen. Die Honorarempfehlung des BDG orientiert sich an drei Schwierigkeitsgraden (leicht, mittel, schwer) sowie an fünf Kriterien zur "Nutzungseinräumung" (Zweck, Umfang, Nutzung, Nutzungsdauer*, Gebiet), die ihrerseits wiederum in verschiedene Abstufungen unterteilt sind. Damit ist die Beurteilung der eigenen Leistung reine Auslegungssache d. h., dass die Zahl der Variablen für Sie als Auftraggeber im Grunde unüberschaubar ist. Deshalb sollten Sie auf jeden Fall immer einen schriftlich fixierten Festpreis im Voraus verlangen. (*Die Nutzungsdauer beträgt im Normalfall drei Jahre.)

- für 2 oder drei Entwürfe
- für Nachlieferungen, falls Sie die ersten Entwürfe verwerfen und
- den Stundensatz für Nachbesserungen.
  (Wenn Nachbesserungen für die Endversion anfallen, lassen Sie sich ebenfalls den wahrscheinlichen Zeitaufwand für diese Arbeit geben.)

In dem Endpreis muss auch immer die Präsentation eingeschlossen sein, denn es gibt immer wieder Einzelne, die versuchen, sich die Präsentation extra bezahlen zu lassen.

Ganz wichtig ist die uneingeschränkte Überlassung der Nutzungsrechte für die Urheberschaft. Wenn Sie die nicht verlangen, kann der Designer immer wieder Nachrechnungen stellen, gegen die Sie sich nicht wehren können.

Beispiel:
Ein Designer hat den Auftrag für die Gestaltung einer Internetseite für den neuen Wellness Bereich Ihres Hotels erhalten. Im Rahmen seiner Arbeit entwickelt er für diese Seite ein Piktogramm. Die Seite gefällt Ihnen und Sie kaufen diese Seite ohne die uneingeschränkten Nutzungsrechte der gesamten Arbeit.

Ein Jahr später wollen Sie einen Prospekt bei einem anderen Designer machen lassen. Weil Ihnen das Piktogramm gefällt, stellen Sie es dem neuen Designer

zur Verfügung. Wenn der Urheber dieses Piktogramms das erfährt, müssen Sie ihm viel Geld für die zusätzliche Verwendung zahlen.
Noch ein Tipp
Die Mehrzahl der Designer sind ausgebildete Gestalter mit Hochschulabschluss, die je nach Talent mehr oder weniger gut Themen visualisieren können. Die Qualität dieser Arbeiten können Sie selbst noch ziemlich gut selber prüfen. Schwierig wird es, die Kreativität, also die Qualität der Ideen und den Einfallsreichtum festzustellen.

Wenn Sie einen Designer/Grafiker beauftragen wollen, empfiehlt es sich, folgende Grundregeln zu beachten:

Lassen Sie sich keine Bilder zeigen. "Schöne" Bilder kann jeder Designer von Hand oder per PC herstellen. Verlangen Sie stattdessen zwei bis drei Fallstudien, damit Sie sich ein eignes Urteil über die Qualität seiner Arbeiten machen können. Wenn Sie sich vom Designer die komplette Fallstudie präsentieren lassen, muss er Ihnen folgende Informationen liefern:
Wer war die Zielgruppe? (Tagesgäste?, Busunternehmen? Firmen? etc.)
Was war das Ziel der Kampagne? (Gewinnung neuer Kunden?
Mehrumsatz mit bestehenden Kunden durch Angebotserweiterung?
Vorstellung eines neuen Angebots? Etc.)
Welche Überlegungen waren Grundlage seiner Idee? (Das neue USP?
Die Kombination der unterschiedlichen Möglichkeiten? Die Exklusivität in der Region etc.)
Warum wurde die Idee so und nicht anders umgesetzt? (Das ergibt aus den ersten drei Punkten)
Was wurde erreicht? (Das Ergebnis sollte mit konkreten Zahlen und Fakten belegt werden.)

Wenn Sie diese Informationen über zwei bis drei Kampagnen haben, können Sie schon wesentlich genauer die Kreativität und das "zielorientierte Mitdenken" des Designers beurteilen.

Texter (Kommunikationsdesigner) und Agenturen
Im Allgemeinen ist die Zusammenarbeit mit Textern schwieriger, weil jeder schreiben kann und oft seinen eigenen Schreibstil als Maßstab sieht. Da der Texter davon überzeugt ist, dass er es besser kann, weil er es "gelernt" hat, werden Beurteilungen von Textentwürfen oft sehr emotional mit Aussagen wie: "ich glaube" oder "ich weiß" oder "ich kenne die Zielgruppe" etc. geführt.

Um das Thema zu rationalisieren ist es besser, wenn man für sich vor dem Gespräch mit externen Dienstleistern folgende Vorgaben erarbeitet:

Welche Zielgruppe bzw. welche Zielpersonen sollen angesprochen werden?
Welches Werbemittel soll eingesetzt werden? (Brief, Flyer, Internet etc.)
Was will ich mit der Maßnahme, der Gestaltung, den Text erreichen?
(Spontane Nachfrage? Entwicklung einer Alleinstellung? Dramatisierung meines USP?)

2

Hier muss die Zielvorstellung präzise formuliert werden, was erreicht werden soll. Allgemeine Aussagen, wie "Ich will mehr Umsatz mit Gästen machen" sind völlig unzureichend. Besser ist, wenn dem Auftragnehmer stattdessen schriftlich folgende Zielvorstellung gegeben wird, Beispiel: "Zielgruppe sind alle Restaurantbesucher, die ein faires Preis-Leistungsverhältnis im mittleren Preissegment erwarten. Sie sollen überzeugt werden, dass sie bei mir "König Kunde" sind. Wir werden unsere Gäste nach ihren Wünschen fragen und sie anschließend aufmerksam, zuvorkommend und kompetent beraten. Wir werden sie so bedienen und verwöhnen, dass sie uns mit Überzeugung weiter empfehlen."

Mit einer derartigen Vorgabe in schriftlicher Form werden Missverständnisse vermieden und der Auftragnehmer kann nicht sagen: "So habe ich das nicht verstanden."

Weitere Vorteile sind:

Man gewinnt für sich selbst eine klare Vorstellung, weil man sich immer wieder fragen kann, "unterstützt das Bild, die Grafik, der Text etc. meine Zielvorgaben?"
Das Gespräch versachlicht sich, weil jetzt nach konkreten Zielvorstellungen geurteilt werden kann.
Bei der Beurteilung der Leistung kann abgefragt werden:
Wird die Zielgruppe richtig angesprochen?
Werden die Vorteile bzw. der Nutzen des Angebots überzeugend dargestellt?
Ist der Mehrwert des Service ausreichend berücksichtigt?
Ist der USP deutlich herausgestellt?
Ist die Differenzierung zu den Wettbewerbern ausreichend?
Ist der Aufbau richtig? (AIDA Formel)
Ist die Hauptleistung bereits aus der Schlagzeile zu erkennen?
Ist die Argumentation vollständig
Ist die Handlungsaufforderung ausreichend? Etc.

Fotografen
Fotografen können sowohl Künstler als auch "Handwerker" sein. Die meisten fotografieren alles. Nur wenige haben sich auf Reportagen, Architektur, Mode etc. spezialisiert.

Wenn ein Fotograf beauftragt wird, gibt es zwei Möglichkeiten. Sie lassen ihm freie Hand oder sind bei den Aufnahmen dabei und geben jedes einzelne Bild frei. Das ist dann richtig, wenn man entweder konkrete Vorstellungen von den Motiven hat oder Details in bestimmten Ansichten fotografiert werden müssen, die der Fotograf nicht wissen kann.

Auch hier muss man auf drei Dinge achten, Preis, Urheberschaft, Negative bzw. Daten.

Beim Preis sollten Preise pro Motiv vereinbart werden, nicht nach Zeit bzw. Stunden, weil es immer wieder mal Fotografen gibt, die dann "Zeit schinden". Für die Urheberschaft gilt das Gleiche wie bei Designern und Textern. Man muss sich die uneingeschränkten Nutzungsrechte für die fotografierten Motive schriftlich geben lassen. Ganz wichtig ist die Aushändigung der Negative bzw. der Daten, weil man dann nach Belieben weitere Abzüge erstellen kann. Verbleiben diese beim Fotografen, muss man für Nachbestellungen meistens einen (sehr) hohen Preis pro Abzug zahlen.

Druckereien
Bei Druckereien sollte auf drei Dinge geachtet werden, die Auflage und die Druckunterlagen bzw. Druckplatten.

Die Geschäftsbedingungen der Druckereien beinhalten eine Klausel, die besagt, dass sie Mehr- oder Mindermengen bis zu 10% liefern dürfen. Dieser Klausel muss man im Voraus widersprechen und auf die bestellte Menge bestehen, weil Druckereien gerne und oft diese Klausel zu ihrem Vorteil ausnutzen, d. h. sie liefern mehr, weil darin ein zusätzlicher Gewinn liegt.

Wichtig ist auch, dass im Voraus vereinbart wird, dass die Druckplatten Ihr Eigentum sind. Viele Druckereien verweigern die Herausgabe, so dass evtl. Nachdrucke nur wieder dort bestellt werden können. Da sie in dieser Situation dann ohne Konkurrenz sind, ist der Preis für Nachauflagen meistens entsprechend hoch. Deshalb ist es sinnvoll, wenn vereinbart wird, dass die Druckplatten Ihr Eigentum sind und für die Dauer von 3 bzw. 5 Jahren für evtl. Nachdrucke kostenlos aufbewahrt werden.

Wer sich vor Überraschungen sichern will, sollte immer auf einen Andruck bzw. einer Andruckabnahme bestehen. Nur dann ist man ganz sicher, dass die Farben bzw. die Bilder so gedruckt werden, wie man sich das vorstellt. Sonst kann es passieren, dass der Druck anders ausfällt als der Andruck der Reproanstalt. Das ist möglich, weil die Reproanstalt unter anderen Bedingungen andruckt.

Fazit
Man erspart sich viel Zeit und Ärger, wenn man diese einfachen Grundregeln beachtet. Außerdem wirken sich diese Vereinbarungen sehr oft positiv auf die Qualität der Arbeiten aus, weil der Auftragnehmer weiß, dass er es mit einem Profi zu tun hat.

Hans-Jürgen Borchardt
Mai 2010